Puerto Rico
Enchanting!

For
the people of Puerto Rico
with appreciation and affection
for the world they have
created and preserved

⁂

Para
el pueblo de Puerto Rico,
con aprecio y afecto
por el mundo que han
creado y preservado

An aerial view of San Juan's coast: Ocean Park in the foreground,
with Santurce, the Condado, and San Juan Bay beyond.

☙

Una vista aérea de la costa de San Juan: Ocean Park en primer plano,
con Santurce, el Condado y la Bahía de San Juan al fondo.

Above: The Gran Meliá Resort, on the north coast. Facing page: Punta Tuna Beach, at the southeastern corner of the island

☙

Arriba: El hotel y resort El Gran Meliá, en la costa norte. Página del frente: La playa de Punta Tuna, en la punta sureste de la Isla

Above: costumed *vegigantes* enliven the festivities during Ponce's annual Carnival celebration. Facing page: Seven Seas Beach, at the northeastern corner of the island.

☙

Arriba: Gente disfrazada de vejigante anima el festejo durante la celebración anual del carnaval de Ponce. Página del frente: la playa de Seven Seas, en la costa noreste de la isla.

Puerto Rico
Enchanting!

Text and photographs
Roger A. LaBrucherie

Imágenes Press

Sunrise over Piñeros Island. Vieques Island is dimly visible on the horizon beyond.

☙

El amanecer sobre la isla Piñeros. La isla de Vieques está ligeramente visible al fondo en el horizonte.

Enchanted Island

Perhaps the Taino Indians of *Boriquén* had heard the incredible story: a year before, three strange, immense canoes with billowing tops had come to *Quisqueya,* the island to the west, and dozens of light-skinned men (or were they gods?) had come ashore. Now — the date was November 19, 1493 — more of the giant canoes, and hundreds of the light-skinned men, their bodies covered with cloth, had landed on *Boriquén* itself.

Christopher Columbus had discovered *Boriquén* on this, his second voyage in search of "the Indies." He gave the island a new name, San Juan Bautista. But Columbus and his men did not tarry long: after only two days ashore to rest and fill their water casks, they sailed on westward. For Columbus was bound for Hispaniola (the name he had given *Quisqueya* the year before), where he had decided to establish Spain's first colony in these uncharted lands.

When the Europeans eventually realized that these islands and continents were not China, Japan, and the "Indies," as Columbus insistently believed, they would come to call these lands the New World. The Caribbean and the American continents were not, of course, a "new world" to the native peoples who had inhabited these lands for millennia. But for the Tainos of *Boriquén*, as for Indian peoples throughout the Americas, the arrival of Europeans would bring a tragic end to the world they had created and known for centuries.

With their hands full establishing the colony on Hispaniola, the Spanish ignored the neighboring island for 15 years. Then in 1508 they dispatched Juan Ponce de León to San Juan Bautista to found Spain's second New World colony. On the 12th of August he and his men landed on the south coast, and after exploring the island and discovering a magnificent natural harbor on the north coast — a bay they named *Puerto Rico*, meaning rich, or exquisite, port — they began building a town at Caparra, south of the bay.

Named governor of the colony in 1509, Ponce de León

La traducción al español de este texto se encuentra en la parte de atrás del libro.

would oversee the colony's first years; but in 1512, lured by the legend of a spring with miraculous curative powers, a veritable "fountain of youth," he left his fledgling colony and embarked on the voyage which led him to discover and claim Florida for Spain.

Caparra was soon abandoned, after it became clear that the town site's open and marshy terrain made it ideal for attacks by both insects and Indians, and by 1521 the colonists had relocated to a small, defensible island on the northern side of San Juan Bay. (In the decades to follow, through common usage — one of those inexplicable accidents of history — *Puerto Rico*, the original name for the harbor and its town, came to be exchanged for the name Columbus had originally given the entire island, now shortened to San Juan.)

For the original Spanish colonizers and those who followed, the year 1508 marked a historic beginning in Puerto Rico. But for the Tainos, it was the beginning of the end: for the same pattern of enslavement and early death, in battle and due to overwork, under-nourishment, and disease, which had been set in Hispaniola would evolve in Puerto Rico (and throughout much of the Americas) as well. By the mid 1500s Puerto Rico's Indian population as an ethnic group had virtually disappeared, although through intermarriage with the Spanish and the African slave populations the Tainos became a permanent part of the island's racial heritage.

Strategic outpost

The colony would grow slowly in its early decades, for Spain was rapidly discovering the extent and riches of its New World empire, and Spain had not the resources to colonize this vast empire all at once. But as Spain's empire grew, the importance of San Juan's bay grew apace, and a glance at a map shows why: for had the harbor fallen into enemy hands, the annual treasure fleets carrying the gold and silver of Mexico and Peru back to Spain would have been at immensely greater risk of attack by the pirates and corsairs prowling the Caribbean.

So, although a few settlements out on the island were begun in the colony's early decades, Spain focused her attention on the defense of San Juan and her bay. In 1539 the Spanish began building El Morro, a fort on the headland dominating the entrance to San Juan Bay.

El Morro proved a formidable defense against ship-based attacks on the harbor and the city, but attacks by both the English and the Dutch made it clear that stronger defences were needed to protect the city from attack by land. So in 1634 the Spanish began building an immense fortress, San Cristóbal, to guard the town's eastern approach, as well as a wall to surround the town. (Old San Juan's stone wall remained intact until 1897, when, having outlived its original purpose, the southern and eastern sections were torn down to accomodate the expanding city.)

Vital though Puerto Rico was in the defence of Spain's American empire, from an economic and population standpoint the island languished as a colonial backwater for most of the 17th and 18th centuries. One statistic tells the story starkly: in 1765, more than 250 years after the colony's founding, the island's population stood at just 45,000 people — a population increase of less than 175 people per year.

Then, owing partly to the introduction of coffee cultivation into the Cordillera Central, the island's population began to swell rapidly, more than tripling, to 150,000 inhabitants,

Tree ferns adorn the slopes of El Yunque Peak in the Caribbean National Tropical Forest.

Unos helechos adornan la falda de la cima del Yunque en el Bosque Nacional El Yunque.

Above: a 16th-century woodcut depicts Taino women cooking cassava, a staple of the Taino diet. Facing page: the Tainos played a ceremonial ball game on a complex of courts at Caguana, near Utuado.

☙

Arriba: un grabado en madera del Siglo XVI muestra a unas mujeres taínas cocinando yuca, un alimento básico de su dieta. Página del frente: los taínos jugaban un juego de bola ceremonial en un complejo de parques en Caguana, cerca de Utuado.

between 1765 and 1800. The 19th century saw the population continuing its rapid increase, in part due to the arrival of pro-Royalist settlers fleeing from other colonies revolting against Spanish rule (among them, Argentina in 1810, Peru in 1821, and Venezuela and Ecuador in 1830). During the 19th century the island's population continued its rapid growth, reaching 950,000 people by 1899.

The winds of freedom fanned by these colonial rebellions touched Puerto Rico as well, and on September 23, 1868 a small band of independence-minded separatists mounted a revolt in the mountain town of Lares. Quickly put down the following day, the revolt had no lasting military significance, but the uprising became known as *El Grito de Lares* ("The Cry of Lares"), and has lived on as the rallying-cry for Puerto Ricans of *independentista* and *nacionalista* leanings.

However, a movement seeking autonomy — meaning greater political and civil liberties and local self-rule, while maintaining ties to Spain — met with more support among the populace and considerably greater success. In 1897 an Autonomous Commission led by Luis Muñoz Rivera persuaded Madrid to grant Puerto Rico an Autonomous Charter providing the island a considerable degree of local self-government.

A new flag

To what extent autonomy would have developed would never be known, however, for in 1898 the U.S. battleship *Maine* exploded under mysterious circumstances in Cuba's Havana Harbor. This calamity, blamed on Spanish treachery by the jingoist American "yellow press," became the justification for the United States to launch "a splendid little war" to liberate Spain's colonies, and the American forces promptly invaded Cuba (where Teddy Roosevelt and his Rough Riders charged up San Juan Hill), the Philippines, and Puerto Rico. The Treaty of Paris, signed on December 10, 1898, formally ended the war and transferred Puerto Rico to the United States.

America, unaccustomed to the role of colonial power, and uncertain of what to do with its new possession, installed first a military government and then a civilian government to oversee the island. But both provided for less local autonomy than had been promised under the Autonomous Charter, and for many Puerto Ricans, who were expecting to immediately enjoy the same rights and self-rule enjoyed in the United States, there was a strong sense of disillusionment.

Those expected rights and self-rule eventually came: American citizenship was bestowed on Puerto Ricans in 1917, and over the next three decades, the U.S. Congress gradually granted Puerto Ricans increased self-government. By mid-century, under the leadership of the charismatic Luis Muñoz Marín, Puerto Ricans had won a hard-fought battle for popular control of the island's governmental institutions against an entrenched oligarchy based on the island's sugar industry, and had adopted a constitution creating the *Estado Libre Asociado* ("free associated state") or "commonwealth." That constitution, approved by the U.S. Congress, essentially provided Puerto Rico with the same degree of self-government exercised by the States of the United States.

There were challenges in the economic realm as well. When the United States invaded in 1898, living conditions for the average Puerto Rican were deplorable, among the worst in the hemisphere, with health and education levels to match, for

On November 19, 1493, Columbus discovered Puerto Rico on his second voyage to the Caribbean. After resting for two days, the fleet sailed on to Hispaniola. This landing marked the only time Columbus trod soil now under the American flag.

El 19 de noviembre de 1493, Colón descubrió a Puerto Rico durante su segundo viaje al Caribe. Luego de descansar durante dos días, la escuadra siguió viaje a La Española. Este desembarque constituye la única ocasión en que Colón pisó tierra en la que hoy día ondula la bandera estadounidense.

Rising 140 feet above the sea, El Morro Fort guards the entrance to San Juan Bay. The fort was begun in 1539, and is the oldest European-built structure administered by the U.S. National Park Service.

ଏ

Con una elevación de 140 pies por encima del nivel del mar, El Morro vigila la entrada a la Bahía de San Juan. El fuerte, cuya construcción comenzó en 1539, es la estructura más antigua que haya sido construida por europeos y que se encuentre bajo la administración del Servicio Nacional de Parques de Estados Unidos.

fewer than ten percent of children attended school.

Although the new American colonial government made great strides in providing health and education, economic progress was left to the private sector. Under the protection of the American flag, U.S. companies invested huge sums in the sugar industry, and by 1915 cane fields blanketed the coastal plains and "King Sugar" dominated the island's economy (and politics). In the first half of the 20th century the expanding sugar industry generated the economic base for the building of schools, roads, bridges, railroads, and water and electrical systems. But despite the improvements to the island's infrastructure, in the mid-1940s Puerto Rico remained an agricultural economy with a per capita income of less than $200 (about $2350 in 2008 dollars).

The way out of this economic morass, devised by Luis Muñoz Marín in the 1940s, was to entice manufacturing industries to the island, under a plan dubbed "Operation Bootstrap." Over the next few decades Bootstrap attracted hundreds of manufacturing plants, in the process creating tens of thousands of new industrial jobs.

The success of industrialization, together with the tourism sector and Puerto Rico's role as a financial, transport, medical, and shopping center for the Caribbean, has created a solid middle class on the island. But it is also true that significant economic issues remain: Puerto Rico's unemployment rate remains high typically two to four times higher than that of the mainland. And per capita income is less than half of the U.S. national average, and at the same time is less equitably distributed. In addition, generous transfer payments to the island from the federal government — a result of the island's low income levels — have created concern about a growing culture of "dependency" in the island's people.

Thanks largely to Muñoz Marín's vision, by the 1960s Puerto Rico had achieved remarkable political, governmental, and economic transformations. But even Muñoz Marín was not able to put an end to the seemingly interminable debate which has dominated public discussion in Puerto Rico for decades: the issue of "status" — that is, whether independence, commonwealth, or statehood would be best for the long-term interests of Puerto Rico. (Ironically, with the improvement in the island's economic fortunes, the status issue has become perhaps even more passionately argued than ever.)

Since the 1960s, political power has seesawed back and forth between those advocating statehood and those favoring the existing commonwealth status. Repeated plebiscites have shown that the islanders remain deeply, and roughly evenly, divided between statehood and commonwealth. (The percentage voting in these plebiscites for independence from the U.S. has dwindled to about one or two per cent.)

As Puerto Rico marked more than a century of American occupation, colonization, and association, and despite early missteps and disappointments, it was clear that the overwhelming majority of Puerto Ricans wished to continue their connection with the United States. What is also undeniable is that all Puerto Ricans, whether pro-statehood, pro-commonwealth, or *independentista*, continue to hold a passionate attachment to their Puerto Rican identity and culture. As Puerto Ricans advance into the 21st century, there is little doubt that their attachment to both of their identities — Puerto Rican and American — will continue to tug at their heartstrings, and fuel a debate likely to rage for years to come.

* * * *

The folkloric group Areyto presents a weekly cultural show at Fort San Cristóbal.

ೞ

El grupo folclórico Areyto presenta un espectáculo cultural semanal en el Fuerte San Cristóbal.

The reign of "King Sugar" has passed, but cane fields still cover much of the island's coastal plain, as here near Naguabo [above]. Facing page: Piñones Beach, east of San Juan.

☙

El reinado del "Rey Azúcar" concluyó, pero los cañaverales aún cubren buena parte de la planicie costera de la isla, como aquí cerca de Naguabo [arriba]. Página del frente: La playa de Piñones, al este de San Juan.

Golfing on one of the many courses on the north shore [above]. Windsurfing near Isabela on the north coast [facing page].

ev

Jugando al golf en uno de los múltiples campos de golf en la costa norte [arriba]. Windsurfing cerca de Isabela, en la costa norte [página del frente].

Mi Querido San Juan

It has now been over three decades since my first encounter with Viejo San Juan. I think I will never forget the feeling of enchantment that overcame me as I explored those cobblestoned, lamp-lit streets on a summer evening with a group of Peace Corps friends. And despite my innumerable visits in the intervening years, each time I return I experience much of the sense of wonder I felt those many years ago.

Viejo San Juan is only a small part of the sprawling San Juan metropolitan area, which counts well over a million people. But within its few blocks is found much of the cultural heart of Puerto Rico, and of course a great deal of her history.

Part of the Old City's attraction for me is professional: I cannot walk a block without wanting to stop to focus on a facade, a doorway, a roofline, or a slice of life that is ever-present and close to hand. (Except very late at night or on purely social occasions, I am never there without my camera bag, and on nearly every visit I am pleasantly surprised at seeing photographic possibilities that had previously escaped my notice.)

But an equal part of the city's appeal for me is the sheer weight of history that pervades the atmosphere. It is true that many of the city's residential and commercial buildings are not ancient, dating as most of them do from the 19th century. But the first of Old San Juan's streets were laid out, and a few of its structures (among them Casa Blanca, El Morro, La Fortaleza, and the Church of San José) date from the early 16th century. Not only is San Juan the oldest European-founded city under the American flag: its founders, including Ponce de León, were contemporaries of Columbus. For a farm boy like me, raised in the western United States, where little predates the 20th century, Viejo San Juan is special indeed, a living reminder of the dawning of this New World we call the Americas.

Viejo San Juan, photographed from over San Juan Bay. The open-square building at the water's edge is La Fortaleza, the executive mansion; beyond it, just left of center, is San Juan's cathedral.

☙

El Viejo San Juan, fotografiado desde arriba de la Bahía de San Juan. El edificio con un patio interior y que está casi a la orilla del agua es La Fortaleza, la residencia del primer ejecutivo; más allá, justo a la izquierda del centro está la Catedral de San Juan.

La Fortaleza, the governor's mansion [facing page], began life in 1533 as a fortification to defend San Juan Bay. Largest convention facility in the Caribbean, the stunning Puerto Rico Convention Center [above] sparkles under the evening sky near the bay.

☙☛

La Fortaleza [página del frente], residencia del gobernador, fue utilizada originalmente en 1533 para defender la Bahía de San Juan. El espectacular Centro de Convenciones de Puerto Rico [arriba], ubicado cerca de la bahía, brilla bajo el manto del cielo nocturno. Es el centro de convenciones más grande del Caribe.

Above: San Juan Cathedral, on Cristo Street. Facing page: San José Plaza, with the San José Church beyond. Begun in 1532, San José is the oldest church building in Puerto Rico and the second oldest in the Americas.

☙

Arriba: La Catedral de San Juan, en la Calle Cristo. Página del frente: la Plaza San José, con la Iglesia San José al fondo. La iglesia San José, cuya construcción comenzó en el 1532, es la más antigua en Puerto Rico y la segunda más antigua en las Américas.

Fort San Gerónimo [above] was built in the Spanish colonial era to defend the eastern approach to San Juan Island. (The Condado is seen in the background.) When San Gerónimo proved inadequate, the Spanish began building massive Fort San Cristóbal in 1634 [facing page].

☙

El Fuerte San Gerónimo [arriba] fue construido durante la era colonial española para defender a la Isla de San Juan de ataques provinientes del este. (El Condado se ve en el trasfondo.) En 1534, cuando San Gerónimo resultó insuficiente, los españoles comenzaron a construir el imponente Fuerte de San Cristóbal [página del frente].

Gateway to Old San Juan, the Plaza Colón was built in 1892 to honor the four hundredth anniversary of Columbus's epic voyage.

☙

La Plaza Colón, construida en 1892 en conmemoración del cuarto centenario del épico viaje de Colón, sirve de portal al Viejo San Juan.

Scenes of Old San Juan: an aerial view looking east [facing page] and Cristo Street [above]. The scenes on the following spread include: left page, the city hall [upper right] and the headquarters of the Institute of Puerto Rican Culture [lower left]; and on the right page, the facade of 16th-century Santa Ana Church [upper left]; the Hotel El Convento, built in 1651 as a convent for the Carmelite Order of nuns [lower left]; the Plaza of the Fifth Centenary [lower right]; and the *adoquines* which pave the old city's streets.

☙

Unas escenas del Viejo San Juan: una vista aérea del este [página del frente] y la Calle Cristo [arriba]. Las escenas en las páginas siguientes incluyen: en la página izquierda, la alcaldía [arriba a la derecha] y la oficina central del Instituto de Cultura Puertorriqueña [abajo a la izquierda]; y en la página derecha, la fachada de la Iglesia de Santa Ana, que data del Siglo XVI [arriba a la izquierda]; el Hotel El Convento, construido en 1651 para servir de convento a las hermanas de la Orden Carmelita [abajo a la izquierda]; la Plaza del Quinto Centenario [abajo a la derecha]; y los adoquines que cubren las calles de la vieja ciudad.

San Juan's oldest public square, the Plaza de Armas [these pages] was laid out in the 1500s. The towered building [facing page] is the city hall, begun circa 1604.

☙

La plaza más antigua de San Juan, la Plaza de Armas [estas páginas] data de los 1500s. El edificio torreado [página del frente] es la alcaldía, cuya construcción comenzó circa 1604.

A summer sunset silhouettes a sentry box and Old San Juan's 17th-century city wall [facing page]. The Paseo de la Princesa leads to the edge of San Juan Bay and the Raíces ("Roots") Fountain, honoring Puerto Rico's ethnic heritage [above].

☙

Una garita y la muralla del Viejo San Juan del Siglo XVII a la luz de un atardecer de verano [página del frente]. El Paseo de la Princesa conduce a la orilla de la Bahía de San Juan y a la fuente Raíces, construida en honor a la herencia étnica de Puerto Rico [arriba].

Above: an aerial view of the Hato Rey business district. Facing page, left-to-right: the upscale Condado area, the Condado Lagoon, and the Miramar district.

∽

Arriba: una vista aérea del distrito de negocios de Hato Rey. Página del frente, de izquierda a derecha: el Condado, un área elegante, la Laguna del Condado y el distrito de Miramar.

En la Isla

In standard Spanish, "*en la isla*" means literally "on the island"; but in Puerto Rican parlance, the expression refers to that part of the island outside of the San Juan metropolitan area. Since the American invasion of 1898, Puerto Rico has been transformed to a degree probably unsurpassed anywhere else in America: economically, socially, linguistically, and, not least, in terms of national orientation and allegiance. In 1898 over eighty percent of the population was rural; as this book is written in the early 21st century, some eighty percent of the island's inhabitants live in its cities and towns.

Perhaps because of that transformation, which has impacted the San Juan metropolitan area more than any other, the expression is not just a geographic description. *En la isla* also refers to a cultural divide as well: the visitor to the island who never leaves the San Juan metropolitan area could well be forgiven for thinking that he has visited a place not so very different from a large U.S. mainland city.

This is why I always urge the tourist to get out of San Juan and off the usual beaten touristic path for a day; to drive into the *campo*, as the countryside is called, and explore a smaller town or two in the Cordillera Central. The tree-canopied back roads offer unmatched vistas of the Puerto Rican countryside as you wind up into the coolness of the mountains; here, where the pace is slower, the visitor can stop at a roadside food stand for a bite, or simply amble around Aibonito, or Barranquitas, or Comerío, or any of a dozen other towns within an hour of the capital.

Armed with an inquisitive attitude and a friendly smile, with luck you will find yourself in spirited conversation with a *Puertorriqueño* eager to talk about the years he lived in the States, or why his town is *the* best place on the island. And above all, you will find the warmth and openness for which the people of this island are famed, and which makes Puerto Rico extraordinary — and, yes — enchanting.

Punta Tuna Lighthouse, built by the Spanish in 1892, at the southeastern corner of the island

☙

El faro de Punta Tuna, construido por los españoles en 1892, en la punta sureste de la Isla

Above: the Río Mar Resort on the Atlantic coast east of San Juan. Facing page: unspoiled coastline west of Fajardo, with El Yunque Peak and the El Yunque Caribbean National Tropical Forest beyond.

☙

Arriba: El hotel y resort Río Mar en la costa atlántica al este de San Juan. Página del frente: la costa prístina al oeste de Fajardo, con la cima del Yunque y el Bosque Nacional El Yunque al fondo.

Columbus Plaza in Mayagüez, with the city hall behind.

☙

La Plaza Colón en Mayagüez, con la casa alcaldía detrás.

Like many towns in the Cordillera Central, Barranquitas [above] retains much of the flavor of traditional small-town Puerto Rico.

‿

Como muchos pueblos de la Cordillera Central, Barranquitas [arriba] mantiene mucho del ambiente tradicional de pueblo pequeño puertorriqueño.

The El Conquistador Resort [facing page] commands a spectacular view of the sea to the east of Fajardo, including [above] Palominitos and Palominos Islands [foreground and background, respectively].

✥

El hotel y resort El Conquistador [página del frente] tiene una vista espectacular al mar al este de Fajardo, incluyendo [arriba] las islas de Palominitos y Palominos [primer plano y trasfondo, respectivamente].

The scalloped southern shore of Vieques Island. Culebra Island is just visible on the horizon.

☙

La costa ondulada de la isla de Vieques. La isla de Culebra se puede ver en el horizonte.

Buyé Beach, near the southwestern corner of the island.

La playa Buyé, cerca de la punta suroeste de la isla.

The plaza in San Germán, at the island's southwestern corner. San Germán was the second town founded by the Spanish in Puerto Rico.

ల

La plaza de San Germán, al suroeste de la isla. San Germán fue el segundo poblado que los españoles fundaron en Puerto Rico.

Guayama, in the southeast, boasts what is widely considered to be the most beautiful town plaza on the island.

Guayama, en el sureste, cuenta con lo que muchos consideran la plaza más hermosa de la isla.

Above: old sugar cane lands on the southern plain near Patillas. Facing page: the Río Mameyes empties into the Atlantic near Río Mar.

☙

Arriba: tierras que antiguamente se usaban para cultivar caña de azúcar, en la planicie sureña cerca de Patillas. Página del frente: el Río Mameyes desemboca en el Atlántico cerca de Río Mar.

Ponce, on the south coast, is Puerto Rico's traditional "second city." Above: the city's famed Plaza de las Delicias, and its cathedral [also facing page, upper right]. Facing page: classic architecture in Ponce and [lower left] Guayama.

೧

A Ponce, en la costa sur, tradicionalmente se le conoce como la segunda ciudad de la isla. Arriba: Al centro está la famosa Plaza de las Delicias y la Catedral [también en la página del frente, arriba a la derecha]. Página del frente: arquitectura clásica en Ponce y [abajo a la izquierda] Guayama.

Rugged backbone of the island, the Cordillera Central [above] is home to coffee and tobacco farms as well as cool weekend retreats for coastal dwellers. Facing page: an aerial view of the east coast north of Punta Tuna.

☙

En la Cordillera Central [arriba], una especie de columna vertebral escarpada de la isla, se encuentran tanto fincas para cultivar café y tabaco como parajes que usan los habitantes de la costa para escapar durante los fines de semana. Página del frente: una vista aérea de la costa este, al norte de la Punta Tuna.

Puerto Rico
¡Encantador!

Traducción por
María Dolores Trelles

La Isla Encantada

Quizás los indios taínos de *Boriquén* habían escuchado la increíble historia: un año antes, tres canoas extrañas e inmensas, con velas ondulantes, habían llegado a *Quisqueya*, la isla que está ubicada al oeste de *Boriquén*, y docenas de hombres de piel clara (¿o acaso serían dioses?) habían desembarcado. Ahora —la fecha precisa era el 19 de noviembre de 1493— más canoas gigantescas, y cientos de hombres de piel clara, sus cuerpos cubiertos por tela, habían llegado a la propia *Boriquén*.

Cristóbal Colón descubrió a *Boriquén* en éste, su segundo viaje en busca de las "Indias". Le dio un nuevo nombre a la isla: San Juan Bautista. Pero Colón y sus hombres no se quedaron por mucho tiempo: tras sólo dos días en tierra para descansar y abastecerse de agua, siguieron navegando rumbo al oeste. Colón se dirigía a La Española (el nombre que le había dado el año antes a *Quisqueya*), en donde había decidido establecer la primera colonia española en estas tierras desconocidas.

Cuando los europeos eventualmente se dieron cuenta que estas islas y continentes no eran China, Japón y las "Indias", como Colón creía con insistencia, le pusieron por nombre a estas tierras el Nuevo Mundo. El Caribe y los continentes americanos no eran, por supuesto, un "nuevo mundo" para los pueblos nativos que habían poblado estas tierras por miles de años. Pero para los taínos

Ponce's Plaza de las Delicias, with the city's cathedral in the background

La Plaza de las Delicias de Ponce, con la catedral de Ponce en el trasfondo

de *Boriquén*, así como para muchos de los pueblos indígenas que habitaban las Américas, la llegada de los europeos traería un fin trágico a un mundo que habían creado y conocido por siglos.

Ocupados con establecer la colonia en La Española, los españoles ignoraron la isla vecina por 15 años. Entonces, en el 1508 despacharon a Juan Ponce de León a San Juan Bautista a fundar la segunda colonia española en el Nuevo Mundo. El 12 de agosto, él y sus hombres desembarcaron en la costa sur, y luego de explorar la isla y descubrir una bahía magnífica en la costa norte —una bahía que llamaron *Puerto Rico*— empezaron a construir el poblado de Caparra, al sur de la bahía.

En el 1509, a Juan Ponce de León lo nombraron gobernador de la colonia, y presidiría sobre ella durante sus primeros años; pero en 1512, fascinado por la leyenda de una fuente con poderes curativos milagrosos, una verdadera "fuente de la juventud", abandonó la nueva colonia y comenzó el viaje que lo llevaría a descubrir la Florida y reclamarla para España.

El poblado de Caparra fue abandonado pronto, luego de que quedara claro que su terreno abierto y pantanoso lo hacía idóneo para que tanto los indios como los insectos lo atacaran. Para el 1521, los colonizadores se habían mudado a una isla pequeña y más fácil de defender en el lado norte de la Bahía de San Juan. (En las décadas siguientes a raíz del uso común —uno de esos accidentes históricos inexplicables— *Puerto Rico*, el nombre que se le había dado a la bahía y su pueblo, fue intercambiado por el nombre que Colón originalmente le había dado a la isla entera, ahora abreviado a San Juan.)

Para los colonizadores españoles originales y aquellos que los siguieron, el 1508 marcó el comienzo histórico de Puerto Rico. Pero para los taínos, fue el principio del fin: porque el mismo patrón que se había sentado en La Española de esclavización y muerte temprana, ya fuese en batalla o debido al trabajo excesivo, falta de nutrición y las enfermedades, ocurriría también en Puerto Rico (y a través de la mayor parte de las Américas). Para mediados de los 1500s, la población indígena de Puerto Rico como un grupo étnico diferenciado había prácticamente desaparecido, aunque a través del matrimonio interracial con los españoles y los esclavos africanos, los taínos se convirtieron en una parte permanente de la herencia racial de la isla.

Puesto de avanzada estratégico

La colonia crecería lentamente en sus primeras décadas, puesto que España estaba descubriendo rápidamente la extensión y riquezas de su imperio en el Nuevo Mundo y no tenía los recursos para colonizar todo este vasto imperio al instante. Pero según el imperio español creció, así también creció la importancia de la Bahía de San Juan. Un vistazo al mapa demuestra porqué: si la bahía hubiese sido capturada por los enemigos, las flotas anuales de tesoro que llevaban las riquezas de México y el Perú a España hubiesen estado en mucho mayor peligro de ser atacadas por los piratas y corsarios que acechaban el Caribe.

Así, aunque algunos poblados en la isla tuvieron su comienzo durante las primeras décadas de la colonia, España concentró su atención en la defensa de San Juan y su bahía. En el 1539, los españoles comenzaron a construir El Morro, un fuerte en la punta que domina la entrada a la Bahía de San Juan.

El Morro resultó ser una defensa formidable contra los ataques marítimos a la bahía y la ciudad. No obstante, los ataques de ingleses y holandeses a la ciudad demostraron que se requerirían defensas más fuertes para protegerla de ataques terrestres. Así, en el 1634, los españoles comenzaron la construcción de un fuerte inmenso, San Cristóbal, que protegería el este de la ciudad, así como una muralla que la rodearía. (La muralla de piedra del Viejo San Juan permaneció intacta hasta el 1897, cuando, habiendo sobrevivido su propósito original, las secciones sur y este fueron destruidas para hacer espacio para la expansión de la ciudad.)

A pesar de que Puerto Rico era esencial para la defensa del imperio español en las Américas, desde un punto de vista económico y de población, la isla languideció como un lugar atrasado por la mayor parte de los siglos XVII y XVIII. La siguiente estadística ilustra el punto de modo simple: en el 1765, más de 250 años después de que la colonia fuera fundada, la población de la isla era solamente 45,000 personas — un incremento en la población de menos de 175 personas al año.

Luego, en parte gracias al comienzo de la siembra de café en la Cordillera Central, la población de la isla comenzó a crecer rápidamente, más que triplicándose, a 150,000 habitantes, entre el 1765 y 1800. El siglo XIX fue testigo de la continuación de ese rápido crecimiento en la población, en parte por la llegada de los pobladores pro-monárquicos que estaban huyendo de otras colonias en las que había habido revueltas en contra del dominio español (entre ellas: Argentina en 1810, Perú en 1821, y Venezuela y Ecuador en 1830). Durante el siglo XIX, la población de la isla continuó su rápido crecimiento, alcanzando las 950,000 personas para el 1899.

Los vientos de libertad que soplaban de esas revueltas coloniales llegaron a Puerto Rico también y el 23 de septiembre de 1868 un puñado de separatistas que querían la independencia formaron una revuelta en Lares, un pueblo de la montaña. Apaciguada rápidamente al día siguiente, la revuelta no tuvo un impacto militar duradero, pero se le vino a conocer como *El Grito de Lares* y ha sobrevivido como la consigna de los puertorriqueños con tendencias independentistas y nacionalistas.

Sin embargo, un movimiento autonomista —o sea, que buscaba mayores libertades políticas y civiles y un gobierno propio pero manteniendo la unión con España— logró más apoyo entre la población y tuvo mucho más éxito. En el 1897, una Comisión Autónoma dirigida por Luis Muñoz Rivera persuadió a Madrid a darle a Puerto Rico una Carta Autonómica que le proveía un grado considerable de control local sobre el gobierno.

Una nueva bandera

Hasta qué punto la autonomía se hubiese desarrollado no se sabrá nunca, puesto que en el 1898 el buque de guerra estadounidense "*Maine*" explotaría bajo circunstancias sospechosas en el puerto de La Habana, Cuba. Esta desgracia, que la prensa americana amarillista y de corte chauvinista le atribuyó a la perfidia española, se convirtió en la justificación para que los Estados Unidos comenzara "una guerrita espléndida" para liberar las colonias españolas. Las fuerzas estadounidenses pronto invadieron Cuba (en donde Teddy Roosevelt y sus "Rough Riders" atacaron la Loma de San Juan), las Filipinas y Puerto Rico. El Tratado de París, firmado el 10 de diciembre de 1898, marcó el fin oficial de la guerra y transfirió el dominio de Puerto Rico a los Estados Unidos.

Los Estados Unidos, desacostumbrados al rol de potencia colonial, e inseguros de qué hacer con su nueva posesión, primero instalaron un gobierno militar y luego uno civil para regir la isla. Pero ambos proveyeron menos autonomía local de la que había sido prometida bajo la Carta Autonómica, y muchos puertorriqueños que habían estado esperando tener inmediatamente los mismos derechos y autonomía que en Estados Unidos sintieron una gran desilusión.

Aquellos ansiados derechos y autonomía eventualmente llegaron: a los puertorriqueños se les confirió la ciudadanía americana en el 1917, y durante las tres décadas siguientes el Congreso de Estados Unidos fue proveyendo gradualmente mayor autonomía a los puertorriqueños. Para mediados del siglo, y bajo el liderato del carismático Luis Muñoz Marín, los puertorriqueños habían ganado una difícil batalla en contra de la arraigada oligarquía de la industria azucarera para obtener el control popular sobre las instituciones gubernamentales de la isla. Además, se adoptó una constitución mediante la cual se creó el *Estado Libre Asociado*. Esa constitución, aprobada por el Congreso de Estados Unidos, esencialmente le proveyó a Puerto Rico el mismo grado de autonomía que tienen los estados de los Estados Unidos.

También hubo cambios en el aspecto económico. Cuando los Estados Unidos invadió en el 1898, las condiciones de vida para el puertorriqueño promedio eran terribles, de las peores en el hemisferio, con unos niveles de salud y educación que correspondían a ello — menos del 10% de los niños iban a la escuela.

Aunque el nuevo gobierno colonial norteamericano hizo grandes avances en las áreas de salud y educación, el progreso económico se le dejó al sector privado. Bajo la protección de la bandera norteamericana, las compañías estadounidenses invirtieron cantidades gigantescas de dinero en la industria azucarera. Para el 1915, los cañaverales cubrían la planicie costera, y el "Rey Azúcar" dominaba la economía (y política) de la isla. Durante la primera mitad del siglo XX, la industria azucarera, que estaba en expansión, generó la base económica para construir escuelas, carreteras, puentes, ferrocarriles, y sistemas de distribución de agua y electricidad. Pero a pesar de las mejoras a la infraestructura de la isla, para mediados de los 1940s Puerto Rico todavía tenía una economía agrícola, y un ingreso *per capita* de menos de $200 (equivalentes a unos $2350 en el 2008).

En los 1940s, para salir de esa marisma económica, Luis Muñoz Marín ideó un plan de atraer industrias manufactureras a la isla a tenor con un plan llamado Operación Manos a la Obra. Durante las décadas siguientes, la Operación Manos a la Obra atrajo cientos de plantas manufactureras, creando así decenas de miles de trabajos industriales nuevos.

El éxito de la industrialización, junto con el sector del turismo y el rol de Puerto Rico como centro financiero, de transporte, médico y de compras para el Caribe, han creado una sólida clase media en la isla. Pero también es cierto que aún hay problemas económicos significativos: la tasa de desempleo de Puerto Rico permanece alta: típicamente entre dos a cuatro veces más alta que aquella de los Estados Unidos continentales. Y el ingreso *per capita* es menos de la mitad del promedio nacional de Estados Unidos y, a la misma vez, está distribuido de modo menos equitativo. Además, las generosas contribuciones a la isla por parte del gobierno federal —consecuencia de los bajos niveles de ingreso— han generado preocupación entre los puertorriqueños en cuanto a la creciente cultura de la dependencia.

Para los 1960s, y gracias en gran parte a la visión de Muñoz Marín, Puerto Rico había logrado una transformación política, gubernamental y económica formidable. Pero ni siquiera Muñoz Marín fue capaz de ponerle fin al aparentemente interminable debate que ha dominado la discusión pública en Puerto Rico durante décadas: el asunto del "status". Es decir, si la independencia, el estado libre asociado o la estadidad sería lo mejor a largo plazo para Puerto Rico. (Irónicamente, con la mejoría en la economía de la isla, el asunto del status ha generado discusiones más apasionadas que nunca.)

Desde los 1960s aquellos que favorecen la estadidad y aquellos que favorecen el *status quo* de estado libre asociado se han turnado el poder político. Los diversos plebiscitos que se han celebrado demuestran que los puertorriqueños están profundamente divididos, y más o menos igualmente, entre la estadidad y el estado libre asociado. (El porcentaje de la población que vota por la independencia en estos plebiscitos ha disminuido hasta llegar a un uno o dos porciento.)

Tras más de un siglo de ocupación y colonización por y asociación con Estados Unidos, y a pesar de unos deslices y decepciones iniciales, quedó claro que la inmensa mayoría de los puertorriqueños deseaban continuar su relación con los Estados Unidos. Es innegable, sin embargo, que todos los puertorriqueños, sean estadistas, estadolibristas o independentistas, mantienen un arraigo intenso a su identidad y cultura puertorriqueñas. A medida que los puertorriqueños se adentran al siglo XXI, no queda duda que el apego a ambas identidades —puertorriqueña y estadounidense— continuará siendo importante para ellos y provocando un debate que es probable que perdure por muchos años.

* * *

Mi Querido San Juan

Han pasado ya más de tres décadas desde mi primer encuentro con el Viejo San Juan. Creo que nunca me voy a olvidar del encanto que me sobrecogió cuando, durante una noche de verano en la que andaba con un grupo de amistades del Cuerpo de Paz, exploré esas calles adoquinadas y alumbradas por faroles. A pesar de mis innumerables visitas durante los años subsiguientes, cada vez que regreso vuelvo a sentir gran parte de aquel asombro que viví hace tantos años.

El Viejo San Juan es sólo una pequeña parte de la desparramada área metropolitana de San Juan, que cuenta con más de un millón de habitantes. Pero dentro de sus pocas cuadras se encuentra la esencia de la cultura de Puerto Rico y, por supuesto, mucha de su historia.

Parte del atractivo del Viejo San Juan para mí es profesional: no puedo caminar una cuadra sin querer parar y enfocar mi cámara en una fachada, una puerta, un techo, o una muestra de la vida que siempre está presente y cercana. (Excepto muy tarde en la noche o en ocasiones que son puramente sociales, no ando nunca por el Viejo San Juan sin mi cámara, y prácticamente en cada visita me encuentro agradablemente sorprendido al ver posibilidades fotográficas que no había notado antes.)

Pero una parte equivalente del atractivo de la ciudad para mí es el peso de la historia que permea su atmósfera. Es cierto que muchos de los edificios comerciales y residenciales no son antiguos, la mayor parte de ellos datan del siglo XIX. Pero las primeras calles del Viejo San Juan fueron planificadas a principios del siglo XVI, así como también varias de sus estructuras (entre ellas: Casa Blanca, El Morro, La Fortaleza, y la Iglesia San José). San Juan no es sólo la más antigua de las ciudades fundadas por los europeos en la que ondula la bandera estadounidense: sus fundadores, incluyendo a Ponce de León, eran contemporáneos de Colón. Para un hombre como yo, que creció en una granja en el oeste de Estados Unidos, donde hay muy poco que haya sido construido antes del siglo XX, el Viejo San Juan es verdaderamente especial, un recordatorio viviente del comienzo de este Nuevo Mundo al que llamamos las Américas.

En la Isla

En el español estándar, la frase "en la isla" significa literalmente eso; pero en el español coloquial de Puerto Rico la frase se refiere a aquella parte de la isla que se encuentra fuera del área metropolitana de San Juan. Desde la invasión norteamericana en el 1898, Puerto Rico se ha transformado de una manera que probablemente no se ha visto en ningún otro lugar en América: económica, social y linguísticamente, así como también en términos de orientación y fidelidad nacional. En el 1898, más del ochenta porciento de la población vivía en la ruralía; en el momento en que estoy escribiendo este libro, a inicios del siglo XXI, un ochenta porciento de los habitantes de la isla viven en sus ciudades y pueblos.

Quizás debido a esa transformación, que ha tenido un impacto mayor en el área metropolitana de San Juan que en cualquier otra, la frase no sólo sirve para proporcionar una descripción geográfica. "En la isla" también se refiere a una separación cultural: el visitante que nunca abandone el área metropolitana de San Juan bien podría ser excusado por pensar que ha ido a un sitio que no es tan diferente a una ciudad grande de los Estados Unidos continentales.

De ahí que yo siempre exhorte a los turistas a que salgan de San Juan y de los puntos turísticos usuales por un día o dos; que guíen por el campo y exploren uno que otro pueblo pequeño en la Cordillera Central. Las carreteras secundarias y adornadas por las bóvedas que forman los árboles ofrecen unas vistas inigualables del campo puertorriqueño, vistas que se ven a medida que uno sube a las frescas montañas. Aquí, donde el ritmo de vida es más lento, el visitante puede parar en un kiosco en la carretera y comerse algo o simplemente pasear por Aibonito, o Barranquitas, o Comerío, o alguno de docenas de otros pueblos que quedan a menos de una hora de la capital.

Si cuenta con una actitud inquisitiva y una sonrisa amable, con algo de suerte se encontrará en una conversación animada con un puertorriqueño que está ansioso por hablar de los años que pasó viviendo en los Estados Unidos, o porque su pueblo es *el* mejor lugar en la isla. Y, sobre todo, encontrará la calidez y la sinceridad por las que es famosa la gente de esta isla, y que hace de Puerto Rico un lugar extraordinario —y, sí— encantador.

Acknowledgements

A book like this owes a great deal to the generous help of people and organizations who have nothing to gain except the gratitude of the author, and perhaps, the intrinsic reward of assisting a book such as this to publication. The contribution of some individuals and organizations will be apparent from the text or captions, and I would like to express my gratitude to them, and also to:

The Government of the Commonwealth of Puerto Rico; the Office of the Governor of Puerto Rico; the Office of the Mayor of San Juan; the Office of the Mayor of Ponce; the Tourism Company of Puerto Rico; the Institute of Puerto Rican Culture; the Conservation Trust of Puerto Rico; the U.S. National Park Service; the Library of Congress, Washington, DC; the National Archives, Washington, DC; the National Museum of the University of Puerto Rico; Río Camuy Caves; the Museo de Arte de Puerto Rico; the Archivo General de Puerto Rico; Museo Casa Cautiño, Guayama; Mueblerías Mendoza, Guayama; Caribe Hilton Hotel; Hotel El Convento; Wyndham Río Mar Resort; Walter Murray Chiesa; Luis Saez, ESJ Towers; Galería Botello; U.S. Fish & Wildlife Service; Edgar Anderson; and Ella LaBrucherie.

© 2008 Roger A. LaBrucherie

Imágenes Press
Post Office Box 1150
Pine Valley, California 91962 USA
Tel: (619) 473-8676 or (619) 997-8676
ImagenesPress@aol.com
ImagenesPress@hotmail.com
Printed in China
Design consultant: HOCHdesigns, Geneva, Switzerland
The Columbus landing painting on page 15 is from the Granger Collection, New York

All rights reserved. With the exception of brief
excerpts for purposes of review, no part of this book may
be reproduced by any means, including electronic media, without
the written consent of the publisher. Reproduction of any photograph
in such review is limited to black and white and shall
include the notice of copyright.

Puerto Rico Enchanting!
ISBN   0-939302-41-1
ISBN13   978-0-939302-41-3

Puerto Rico

Geography: the island measures approximately 110 miles east to west, and 35 miles north to south. Land area: 3435 square miles (Connecticut = 5544 sq. miles). The interior of the island is mountainous, with elevations above 3,000 feet.

Population: 3,944,259 (1148/sq. mile; US average: 81/sq. mile).

Government: a commonwealth in voluntary association with the United States; officially, the Commonwealth of Puerto Rico; in Spanish, *Estado Libre Asociado de Puerto Rico* ("Free Associated State of Puerto Rico"). Puerto Ricans are U.S. citizens.

Economy: based principally on manufacturing; the trade, finance, insurance, real estate, and tourism sectors follow in economic importance. Gross domestic product per capita: $19,300.

Climate: tropical; on the north coast the mean temperature ranges from 80°F. (27°C.) in summer to 75°F. (24°C.) in winter, with about 60" (1500 mm) of rainfall distributed fairly evenly throughout the year, heaviest May - December. The south coast is drier and somewhat warmer; the mountainous interior is considerably cooler. Temperatures are moderated by the nearly constant northeasterly trade winds.

&

Geografía: la isla mide aproximadamente 110 millas de este a oeste y 35 millas de norte a sur. Área terrestre: 3435 millas cuadradas (Connecticut = 5544 millas cuadradas). El interior de la isla es montañoso, con picos cuya elevación supera los 3,000 pies.

Población: 3,944,259 (1148/milla cuadrada; promedio en Estados Unidos: 81/milla cuadrada).

Gobierno: un estado libre asociado que está voluntariamente asociado con Estados Unidos; oficialmente, el nombre en inglés es "Commonwealth of Puerto Rico" y en español Estado Libre Asociado de Puerto Rico. Los puertorriqueños son ciudadanos de Estados Unidos.

Economía: basada principalmente en la manufactura; los sectores de comercio, finanzas, seguros, bienes raíces y turismo le siguen en importancia económica. El producto bruto doméstico per capita: $19,300.

Clima: tropical; en la costa norte la temperatura promedio oscila entre los 80° F (27° C) en el verano y los 75°F (24°C) en el invierno, con unas 60" (1500 mm) de lluvia distribuidas de modo bastante equitativo a través del año, siendo la lluvia más abundante durante los meses de mayo a diciembre. La costa sur es más seca y un poco más caliente; el interior montañoso es considerablemente más fresco. Los vientos alisios que vienen casi constantemente desde el noreste moderan las temperaturas.

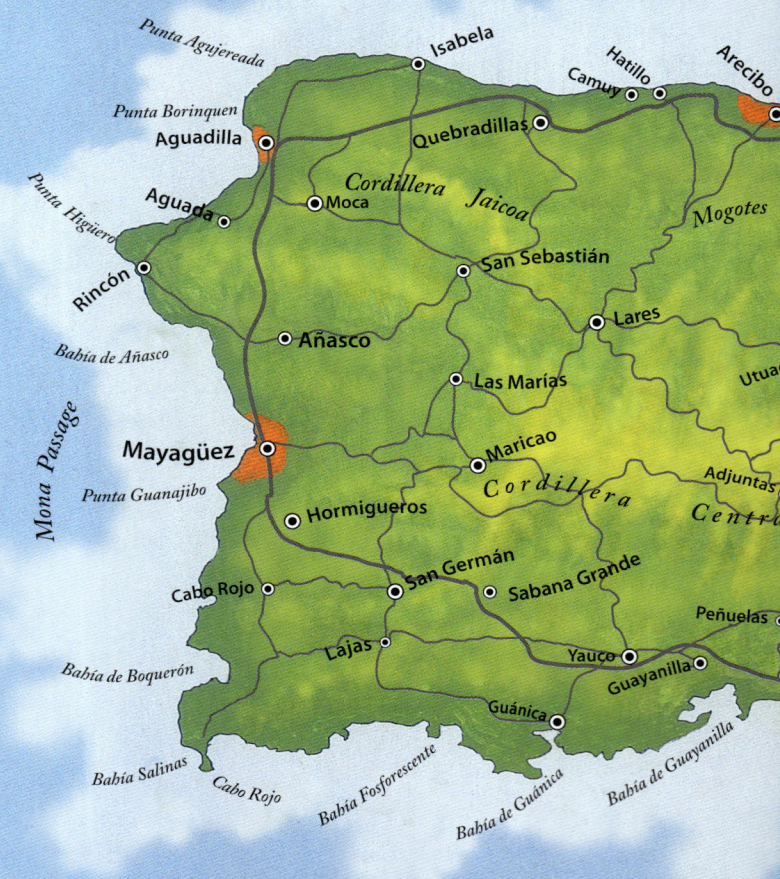

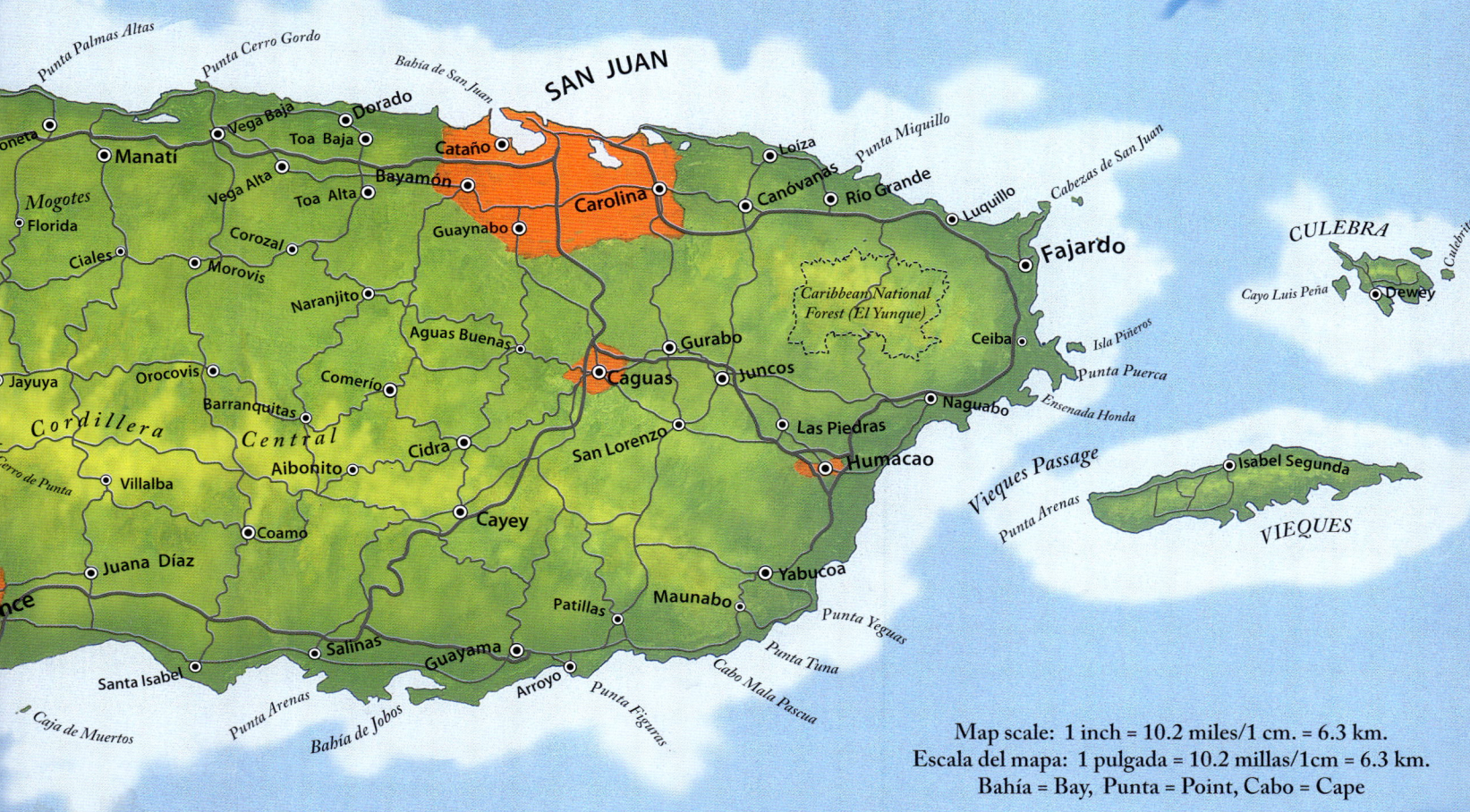

Fruit stand and vendor, near Luquillo

Un puesto de frutas y vendedor, cerca de Luquillo.

Back cover photographs [all left-to-right]: Top row: doorway, Old San Juan; a *vegigante* at Carnival, Ponce; Ponce's historic firehouse. Middle: Taino artifact; yellow allamanda flower; coastline near Phosphorescent Bay. Bottom: Culebrita Island; golden shower tree.

Las fotografías de la contraportada [de izquierda a derecha]: en la fila superior: un portal del Viejo San Juan; un vegigante en el Carnaval de Ponce; histórico Parque de Bombas de Ponce. En la fila del medio: un artefacto taíno; una canaria amarilla; la costa cerca de la Bahía Fosforescente. En la fila inferior: la isla de Culebrita; la cañafístula.